AF177786

Hanako C. Hahne

DA KOMMT NOCH WAS

... ein Mutmacher zum Älterwerden

fabrico® verlag

Vorwort

Hanako ist Hanako.
Weder jung noch alt, immer ein Quell, voller Leben und
Leuchten, eine Freude in jedem Augenblick, den ich
sie bisher erleben durfte. Stets sind die Begegnungen
mit ihr und ihrer Kunst wie Kristallisationspunkte
im eigenen Leben – äußerst intensiv, von besonderem
Bewusstsein getragen, die Gegenwart genießend.
Ihre Worte berühren, durchdrungen von
ihrer Lebenserfahrung geben sie Halt, reißen
mit, schenken lustvolle Distanz zu eigenen
Herausforderungen, lassen mich immer wieder
lächeln, bilden Friedensinseln in mir.

In das vierte Buch von Hanako kann man eintauchen
wie in einen lebendigen, klaren Gebirgsbach, sich
lustvoll treiben lassen von den sprudelnden Gedanken
und genauso länger verweilen in ihrer tief spirituellen
Welt. Sie gibt uns jede Menge sehr persönliche Einblicke
in ihre Biographie, bezaubert immer wieder durch die
enge Vernetzung von beispielhaftem Alltagsszenario
und weitblickender philosophischer und politischer

Perspektive. Offen zeigt sich die Künstlerin als immer Suchende, bestückt mit soviel Neugier und Lebensenergie, dass wir uns an ihren überstandenen Lebenskämpfen mitfreuen können.

Ist dieses Buch ein Buch übers Älterwerden? Oder vielmehr ein Buch über das Leben an sich, ein Text wie ein Lebensfluss, wie ein großes Ein- und Ausatmen – und Durchatmen Hanakos?
Und was kommt danach, liebe Hanako? Wir dürfen alle sicher sein, dass sie uns immer wieder überraschen wird mit ihrer Einzigartigkeit! Sie hat ihre Seele bereits in so vielen Blickwinkeln gefunden: in Wort und Bild und Tanz und Klang, im Jetzt und in der Unvergänglichkeit …

Danke, Hanako, du hast mein Gefäß mit vielen neuen Visionen gefüllt, mit ihnen lässt es sich gut und besser älter werden – es kribbelt – und ich spüre den friedlichen Fluss des Geschehenlassens.

Nicola Kochhafen

Es ist Erntezeit

Früchte leuchten von Ferne

Nun ist es geschafft

Hysterisches altes Weib mit Hang zum Abenteuer
und zur Übertreibung sucht Gleichgesinnten. Nein,
aber älteres Weib auf der Suche nach sich selbst, um
mit dem Flow des Lebens in Einklang zu gelangen,
inneren Frieden zu finden, um jung und offen genug
für Neues zu bleiben. Ja, das kommt hin, jedenfalls
ist es ein Teil von mir. Das passt schon! Es klingt wie:
Don't worry be happy, doch im Bewusstsein, dass ich
selbst die Verantwortung für mein Handeln trage.
Die Betonung auf Weib darf nicht unerwähnt bleiben.
Möge mir das Kostbarste im Leben, nämlich Zeit, noch
länger erhalten bleiben. Es gibt noch so viel Neues
dazuzulernen und zu erfahren. Auf jeden Fall kann ich
schon mal vorwegnehmen, dass Älterwerden ein großes
Abenteuer ist.

Jetzt darf ich aus der Fülle meines Lebens schöpfen
und das Tempo selbst bestimmen. Natürlich schleicht
sich auch hier und da an manchen Tagen im Tanz des
Lebens der Rhythmus des Blues mit ein, also ein wenig
Melancholie kann da schon mal aufkommen. Dann
sage ich mir: Tanze weiter, Hanako. Es gibt Tage, an
denen ich mir selbst genüge und mich stark fühle. Es
gibt aber auch die anderen Tage. Da wird mir so klar,

dass meine Entscheidungen wie ausgehebelt sind und ich das Gefühl habe, einer höheren Instanz ausgeliefert zu sein. Das war in den jüngeren Jahren wohl sicher nicht anders, nur mit dem Unterschied, dass es mir nicht bewusst war. Da reicht dann ein schönes Erlebnis oder Gespräch mit Freunden oder Freundinnen. Es kann aber auch ein starkes inneres Erlebnis durch Stillwerden des Geistes sein, um nach diesen Tagen wieder in meiner Mitte anzukommen. Besonders liebevolle Umarmungen können dann Wunder bewirken.

Es ist kein neues Phänomen, dass sie Glückshormone freisetzen, doch selbst dies muss gelernt sein. Zu kurz und flüchtig bringt da gar nichts. Es darf schon bewusst und ein paar Sekunden dauern, bis sich eine heilbare Wirkung einstellt. Da bleibe ich jetzt dran! Auch wenn uns die Corona-Pandemie derzeit einen Strich durch die Rechnung macht, es wird ein Danach geben.

Eine wichtige Erfahrung meines Lebens ist die, dass es Dinge gibt, die wir wissen, glauben oder fühlen können. Es gibt aber auch Dinge, die wir intuitiv erfahren. Sie entspringen einer inneren Wahrnehmung im Einklang von Herz und Geist, die weder zu erklären noch zu beweisen ist. Dieses integrale Verstehen würde ich als innere Erfahrung bezeichnen, der oft ein jahrelanger Prozess vorangegangen ist. Das ist für mich ein Privileg des Älterwerdens. Es hat eben auch richtig große Vorteile.

Bei Bedarf kann ich mich nun gemütlich zurücklegen, nichts tun und ganz ohne schlechtes Gewissen tiefenentspannt den Tag verbringen. Das war ein langer Entwicklungsprozess. Also, um ehrlich zu sein, ab und an gelingt es mir ja auch schon. Nein, noch ist es aber zum ständigen Zurücklehnen zu früh. Das war doch noch nicht alles gewesen? Ganz gewiss nicht! Da gibt es noch so manches zu erleben und auszuprobieren. Der Tanz des Lebens wird sich weiter fortsetzen. In meinem Alter ist es wichtig, das Handeln auf die Gegenwart zu richten, auf das Jetzt. Mir ist schon klar, dass das Zeitfenster nach vorne begrenzt ist. Deswegen muss ich mir das Älterwerden zum Freund machen. Ich glaube, dass man vernachlässigtes Handeln spätestens dann bereut, wenn man wirklich alt ist und nichts mehr selbstständig geht. Wie gerne ziehen wir tausend Gründe vor, irgendetwas nicht zu tun.

Die US-amerikanische Malerin Grandma Moses hat 2014 mit 75 Jahren das Malen angefangen und ist damit in Amerika berühmt geworden. Welch Reichtum in diesem Alter! One should never give up hope. Meine Schwägerin erzählte mir neulich, dass sie mit 80 Jahren das Tangotanzen angefangen hat. Ihr Sohn meinte nach einer Tanzvorführung, dass seine Mutter selten so glücklich ausgesehen hätte. Das hat mich sehr berührt.

Wie sehr freue ich mich z. B. noch über so viele gute noch nicht gesehene Filme. Diese Leidenschaft

Hanako, 8 Jahre alt in der zweiten Klasse

hatte ich schon als Kind. Das Kinogeld habe ich mir bei meiner Patentante durch Staubwischen, Grabpflege, Einkaufen oder durchs Äpfelpolieren verdient. Die Schauspielerei hat mich von jeher interessiert. Mein Lohn reichte für ein bis zwei Kinobesuche wöchentlich. Es lag doch nahe, dass mein erster Kindertraum der Beruf einer Schauspielerin war. Danach folgte der Traum als Tänzerin oder Sängerin. Die Freude am Tanzen ist mir erhalten geblieben. Vor allem ist es nun der Tanz mit dem Pinsel. Gesungen habe ich einige Jahre im Kirchenchor, im Schulchor, ein paar Stunden Gesangstraining und heute in der Dusche sowie an Weihnachten. Zum Leidwesen meiner Familie gebe ich da alles.

Schon als Kind hatte ich das Gefühl, eine eigene Bühne für mich zu benötigen. Sie ist zwar auch heute noch gefühlt klein, aber sie hat mir immerhin zu vielen zufriedenen und glücklichen Augenblicken verholfen. Seit langem ist meine Bühne mein Atelierhaus, wo ich kontinuierlich künstlerisch arbeiten kann und Werke schaffe, die hinaus in die Welt gehen. Nun spüre ich was es heißt, im Fluss des Lebens zu sein.

Vor zwanzig Jahren fühlte ich mich oft schon alt und war noch verhältnismäßig jung.

Heute fühle ich mich jung und soll alt sein?
Ist das paradox oder ein neues Lebensgefühl?
Es ist beides zugleich. Die schönsten Jahre einer Frau

beginnen doch dann, wenn sie sich ohne schlechtes Gewissen entschieden hat, ihr Leben entspannt zu genießen. Und dabei bin ich jetzt gerade angekommen.

Umso schöner ist es, wenn mir heute jemand sagt: „Du siehst ja aus wie das blühende Leben!" Das fühlt sich so gut an. Und dennoch, auch mein Leben kann morgen vorbei sein. In diesem Sinne versuche ich bewusst zu leben und jedem Tag das Wertvollste in großer Dankbarkeit zu entlocken. Dass bei mir in jüngeren Jahren alles besser war, ist Lüge. Ich finde es jetzt viel netter älter zu werden. Oft werde ich gefragt, ob ich nicht jünger sein möchte. Gewiss nicht. Die vielen negativen Erfahrungen wollte ich nicht noch einmal durchleben. Nun habe ich die Zeit zu Ausstellungen und Konzerten oder für gute Bücher, die mich interessieren und bewegen. Jetzt habe ich die Muße, auch einmal die Kinder und Enkelkinder zu besuchen. Oder eine Reise zu planen. Kurzreisen ziehe ich inzwischen vor. Welch Segen, dies alles tiefenentspannt zu genießen und nicht wie so oft unter Zeitdruck zu stehen wie in jüngeren Jahren.

Älterwerden hat natürlich auch Nachteile. Oft kommen bei mir Gedanken auf. So schnell wie sie angekommen sind, können sie dann aber wieder davonfliegen. So ist es eben, wenn man schon viele Jahre leben durfte. Das Gedächtnis, besonders für Namen ist auch nicht mehr so stark ausgeprägt. Da

—

12

frage ich dann mutig nach und höre, dass ich nicht die einzige Betroffene bin. Ich sage nichts Neues: Älterwerden ist nichts für Feiglinge. Welch Segen sind doch da die so praktischen „To-do-Listen", eine hilfreiche Errungenschaft für ältere Menschen. Leider passiert mir immer noch, dass ich zu voreilig Dinge sage, die mir hinterher leidtun. Manchmal „reitet mich der Teufel". Es gibt noch viel zu tun. Oder ist ungefiltert wirklich besser?

Die Schönheit des Körpers zu entdecken, die eigenen Makel anzunehmen, bringt ein Stück mehr Leichtigkeit in mein Leben. Das wirkt sich in mehr Lebensfreude am Tragen schöner Kleidung aus. Ich finde, dass sich so viele Frauen wenig Mühe geben, sich schön, peppig oder mutig anzuziehen. An manchen Tagen – oft sind es auch nur Stunden – habe ich immer noch das Gefühl, in der Blüte des Lebens zu stehen. Das geschieht in glücklichen Augenblicken, in denen ich mein eigenes Alter vergesse und mich frisch fühle wie ein Frühlingsmorgen.

Es passiert gerade so viel Buntes in meinem Leben wie z. B. neue menschliche Begegnungen, die mein Leben enorm bereichern. Wie kann ich dankbar darüber sein, dass schon wieder eine neue Idee für ein Buch aufkommt, dass die Lust für eine Performance mit Body-Painting wächst oder dass eine neue Bilderserie am Entstehen ist.

—

Mein Atelierhaus in der östlichen Altstadt

Eigentlich sollte es mit dem Bücherschreiben ein Ende haben. Hatte ich nicht bereits alles in den letzten Büchern gesagt?

Anscheinend wohl nicht. Diese neue Corona-Pandemie spielt mir da regelrecht in die Hände. Das nennt man wohl die Krise als Chance zu sehen. Sie ist jetzt für uns alle eine Pause der Einkehr. Es bleibt mir keine andere Wahl. Ich folge meinen Impulsen. Den Titel hatte ich eh' längst parat.

Nun lerne ich mit zunehmendem Alter mir selbstgemäß zu leben. Ich schreibe einfach los und lasse mir alle Zeit der Welt. Egal wieviele Menschen auch schon über dieses Thema des Älterwerdens geschrieben haben oder schreiben. Was habe ich zu verlieren? Außer meiner irdischen Hülle absolut nichts mehr.

Privileg des Älterwerdens ist die Freiheit, nicht mehr so schnell agieren zu müssen. Ich darf also gemach an meine nächste, neue Lebensaufgabe gehen. Das macht mich glücklich, es tut mir richtig gut. Ein Buch zu schreiben, gibt nicht nur viel Energie, sondern bringt dich ein Stück näher zu dir selbst. Wie gut, dass ich gerade jetzt in Zeiten der Pandemie eine Aufgabe habe, die mich voll und ganz positiv in Anspruch nimmt.

Ich schreibe ohne Selbstzweifel, die ziehen uns nur herunter und wertvolle Energie ab. Am Ergebnis der

—

Arbeit herum zu feilen, ist notwendig. Ich lerne dabei authentisch und aufrichtig mit mir selbst zu sein. Nichts darf übertrieben, untertrieben sein, sollte aber dennoch anschaulich sein. Gar nicht so einfach. Es ist immer wieder ein Experiment. Man muss darauf vertrauen, dass Kreativität Blüten treibt. Inspiration darf mutig verfolgt werden, mal sehen was kommt. Wenn Handlungen aus der tiefsten Quelle meines Selbst kommen, fühlen sie sich für mich richtig an.

Es ist mir dann so, als wenn mich irgendetwas antreibt, meine nächste neue Aufgabe anzugehen. Das Leben selbst inspiriert mich, über das Älterwerden zu schreiben. Älterwerden und trotzdem im Wesen jung zu bleiben, das ist Leben. Schreiben kann man bis ins hohe Alter. Es muss ja nicht immer ein Buch sein. Eine Freundin von mir schreibt täglich nur für sich selbst und ist dabei recht glücklich.

Jede Entscheidung und jede Begebenheit in unserem Leben haben zu ihrer Zeit eine begründete Notwendigkeit. Mutig seinen Impulsen zu folgen, stärkt das Selbstbewusstsein.

Vor über zwanzig Jahren entdeckte ich meine Freude am Schreiben von Haiku-Versen. Diese Leidenschaft hält bis dato an. Die Verse kommen zu mir, exakt als Dreizeiler in fünf, sieben und fünf Silben, die zu der japanischen Versform eines Haiku gehören. Das ist doch ein großes Geschenk, das ich voller Dankbarkeit

Folge Impulsen

Sei ein fließender Bach

Dann gibt Arbeit Kraft

annehme. Leider kommen diese Verse immer erst nachts angeflogen. Wenn sie nicht sofort zu Papier gebracht werden, machen sie sich sehr schnell flugs wieder auf und davon.

Künstlerin zu sein war immer schon mein Traumberuf. Ich habe diesen Traum nicht nur geträumt, sondern auch gelebt. Von der Druck-graphik angefangen, über fernöstliche Schriftkunst, Holzobjekte, Künstlerbücher, Haiku-Dichtung, Buchautorin bis hin zum ersten Kurzfilm.

Wir Menschen sind in der Lage, eine Menge Energie loszutreten, wenn wir es denn zulassen. Das Ergebnis wird sich am Ende zeigen. Auch ein negatives Ergebnis lehrt uns, wichtige Erfahrungen zu machen. Denen können wir leider erst sehr viel später positive Seiten abgewinnen.

Das Lernen zu handeln mit dem Flow des Jetzt wird immer stärker in mir. Es ist das tiefe Gefühl, dass jeder und jedes mit Allem zusammenhängt und es nur ein Miteinander geben kann. Friedrich Hölderlin sagte dazu: „Gut ist, sich an andere zu halten, denn keiner trägt das Leben allein". Die Welt ist eine Art großes Netz, in dem wir alle miteinander verknüpft und voneinander abhängig sind. Dies beweist sich gerade jetzt in der weltweiten Gesundheitskrise durch das Corona-Virus. Diese Krise kann nur global gelöst werden. Das große Leid, das sie mit sich bringt, hat aber auch den Vorteil, die Solidarität der Menschheit

—

untereinander zu stärken. Man spürt jetzt schon, dass sich eine andere Wärme unter den Menschen breitmacht. Nach meinen Beobachtungen wird diese Corona-Pandemie eine neue Wendezeit einläuten. Es ist jetzt schon eine gewachsene Wertschätzung für die Natur festgestellt worden. Vieles wird neu bedacht und bewertet werden müssen. Diese Krise bietet uns weltweit die Möglichkeit zu einer kollektiven Verhaltensänderung. Wir müssen uns schon überlegen, mit welchen Werten wir global zusammenleben wollen. Dieses neue Leitbild kann nur durch ganzheitliches Denken eines jeden Menschen gelöst werden. Es ist ein integrales Handeln von Körper, Geist und Seele, die das Herz mit einbezieht. Es sind in den vergangenen Jahrhunderten weltweit viele herzlose Dinge passiert. Japanische Wissenschaftler haben herausgefunden, dass Herz und Lunge zwei miteinander verbundene Organe sind, deren Energien den menschlichen Körper durchströmen. Deswegen sind Herzkranke so anfällig für das Virus.

Die so wichtige Botschaft: Gehe mit deinem Nächsten immer respektvoll um, sollte ein Credo aller Menschen sein. Diese bewusste Wahrnehmung wäre ein weiterer, wichtiger Beitrag zur Lösung des Weltfriedens und der Weltkrisen. Ganz gleich, welche Hautfarbe wir haben, aus welchem Land wir stammen und welche Sprache wir sprechen.

Black is beautiful

Zum respektvollen Umgang mit anderen gehört auch die Toleranz gegenüber gleichgeschlechtlichen Partnerschaften und anderen sexuellen Orientierungen. Es ist wichtig, diese Vielfalt in Toleranz und Liebe anzuerkennen.

Das ist die tiefe Bedeutung von „Allumfassender Liebe". Dieses japanische Schriftzeichen bedeutet die Liebe zu sich selbst, zu allen Wesen sowie zum Universum in absichtslosem Sein sowie bedingungslosem Handeln.

Zwei Einzelausstellungen mit japanischer Schriftkunst in Japan und die Anerkennung für meine Arbeit dort haben mich inspiriert, diese Kunst auch u. a. in Deutschland durch Ausstellungen und Performances zu verbreiten und zu unterrichten. Zwanzig Jahre Unterricht in japanischer Kalligraphie finde ich jetzt aber genug. Nun sind andere Dinge an der Reihe. Und außerdem darf ich mir das Leben nun ein wenig kommoder gestalten. Die Erfahrung, am Nichtstun Freude zu empfinden, ist neu in meinem Leben.

Es ist niemals irgendetwas vergebens getan. All unser Handeln tut etwas mit uns, verändert uns und kann uns den „inneren Garten" zum Blühen bringen. Es kann natürlich auch nach hinten losgehen.

Häufig befasse ich mich mit der Anerkennung der verschiedenen Religionen. Es kann doch nur Frieden in der Welt sein, wenn die gegenseitige Toleranz an erster Stelle steht. Der interreligiöse Dialog hat bereits einen guten Anfang genommen. Der wesentliche Fortschritt jedoch lässt noch auf sich warten. Ohne die gleichberechtigte Mitwirkung von Frauen und Männern werden es die Kirchenmänner weltweit nicht schaffen, Frieden in die Welt der Gläubigen zu bringen. Da gibt es noch viel zu tun! Allerdings muss Liebe immer das oberste Gebot in jeder Religion sein, nicht Machtausübung, Ausgrenzung, Missbrauch, ideologisches Handeln und Eigenmächtigkeit. Raum für Hass und Intoleranz haben hier nichts zu suchen. Steve Jobs hat einmal gesagt: „Verschiedene Religionen öffnen unterschiedliche Türen desselben Hauses". Ja genau, denn der Tenor aller Religionen ist immer derselbe: Die Rückkehr zur Quelle, zu unserem eigentlichen Ursprung. Es geht hier um das Gefühl, eingebettet zu sein in das Große und Ganze. Das ist die Rückkehr zum göttlichen Universum. Wenn wir uns von dieser Anbindung trennen, müssen wir durch Krisen lernen, hierhin zurückzufinden. Wir alle tragen selbst die Verantwortung für unser Handeln. Dies ist der Part, der in unserer Hand liegt.

—

Wenn wir offen sind

Für Energien der Liebe

Geschehen Wunder

Der Nationalitätenwahn hat von jeher Kriege verursacht. „Nationale Gefühle sind stärker als jede Menschlichkeit" (Alfred Nobel). Wenn wir Grenzen abbauen wollen, ist der Anfang immer das Abbauen der eigenen inneren Grenzen.

Dazulernen zu dürfen, habe ich von jeher als Zauber empfunden. Neugierde, Anteilnahme, Wissensdurst usw. sind mir bis jetzt nicht verloren gegangen.

In mir hat immer irgendwie für irgendetwas eine Flamme gebrannt, die nicht kleiner werden wollte. Wie dankbar bin ich, noch über eine Menge Lebensenergie zu verfügen, obwohl mein Leben durchzogen ist von so manchen Schicksalsschlägen. Die allein würden ein Buch füllen.

Vielleicht war ich immer eine Anarchistin, die Umwälzung in liebevoller Weise umsetzen wollte? Ich habe oft nach Handlungsmöglichkeiten gesucht und versucht, sie wahrzumachen.

Mit Hingabe, Liebe und Leidenschaft bei allem Handeln zu sein, macht unser Dasein auch erfolgversprechend lebenswert. Das sollte zu meiner Lebensmaxime werden. Dazu gehört auch das Offenbleiben für Neues.

In meinem Alter können Kindheitserinnerungen plötzlich sehr präsent sein. Der Streit der auf engem

Raum lebenden großen Familie und die nicht verarbeiteten Kriegserlebnisse unserer Eltern haben meine Kindheit mit vier Geschwistern stark geprägt. Mit dem Trauma der Eltern mussten auch wir Kinder weiterleben. Als Kind habe ich ihre Strenge oft gehasst. Heute weiß ich, dass sie ihr Bestes geben wollten, aber nicht anders konnten und dies ein Teil meiner Biographie ist, die so und nicht anders ablaufen sollte. Mit dieser Erkenntnis war Vergebung für die Eltern möglich, auch mir selbst zu vergeben und mich nicht als Opfer zu sehen..

Ich habe mich redlich bemüht, die Erziehung meiner Eltern nicht auf meine drei Kinder zu übertragen. Allerdings hatte ich lernen müssen, die Erziehung meiner Eltern zu akzeptieren, ohne sie zu imitieren. Dies gab mir die Möglichkeit, den Teufelskreislauf, der sich von Generation zu Generation wiederholen kann, zu durchbrechen.

Im Gegensatz zum Älterwerden ist man dann alt, wenn der Lebensmut schwindet, dich nichts mehr interessiert und dir damit die Teilnahme am Leben versagt bleibt. Auch wenn ein selbstbestimmtes Leben nicht mehr möglich ist, unsere Lebensenergie rapide abnimmt und wir komplett auf die Hilfe anderer Menschen angewiesen sind. Dann ist ein Mensch alt. Natürlich bin ich mir vollkommen im Klaren, dass es am Ende nur noch ein Ausatmen ohne Einatmen gibt. Aber gefühlt bin ich noch nicht an der Reihe. Mein

Motto ist: ich möchte dem Leben nicht mehr Tage, sondern dem Tag mehr Leben geben. Merke aber schon, dass ich mehr Ruhepausen benötige.

Es heißt nicht umsonst: „Das Gehirn wächst mit seinen Aufgaben". Der Hippocampus, zuständig für das Gedächtnis, das geistige und körperliche Fitbleiben, liebt Bewegung. Sie ist wichtig für ein gesundes Immunsystem. Unser Hippocampus freut sich über abwechslungsreiche und gesunde Ernährung, über Freude, Lachen und Lieben. Das gibt nicht nur älteren Menschen mehr Energie. Soziale Kontakte steigern die Lebensfreude, ein wahrer Jungbrunnen!

Immer wieder höre ich, dass ältere Menschen mit dem Laufen anfangen. Am besten wäre dabei Bewegung in der Natur, um sich mit Energie aufzutanken. Eine neue Sprache zu lernen, oder eine alte aufzufrischen. Das hält den Geist in Bewegung.

Tägliche Yoga-Übungen sowie ein mir angemessenes Krafttraining gehören inzwischen zu meinem Alltag. Schließlich möchte ich noch für längere Zeit meine kleinsten Enkelkinder auf den Arm nehmen können. Ein spezielles Atemtraining hilft mir sehr dabei, zu innerer Ruhe und Kraft zu finden.

Statt auf den Rat zu hören, mir nun endlich ein Hörgerät anzuschaffen, hörte ich auf meine innere Stimme: Es sollten erst einmal Ohrlöcher sein. Nun habe ich auch meine Liebe für Ohrringe entdeckt und mir einen Kindheitstraum erfüllt und wieder ein

Stückchen mehr Lebensfreude gegönnt. Auch wenn angeblich durchstochene Ohrlöcher Energie nehmen, so gleicht wohl die Freude am Tragen des Schmuckes alles aus. Da denke ich ganz positiv. Und irgendwann kann es ja auch mal beides sein.

Meine Wünsche sind häufig fehlgeschlagen, oft habe ich die erhofften Ziele nicht erreicht. Inzwischen lasse ich häufig vom Wunsch der Erfüllung los und überlasse die Realisierung dem Universum. Bei Nichterfüllung meiner Wünsche ist die Enttäuschung dann nicht so groß. Auf jeden Fall bedeutet dieses Thema für mich eine ständige neue Herausforderung. Das merke ich selbst bei so einfachen Dingen wie dem Kofferpacken, möchte ich doch so gern so viel mehr mitnehmen. Beim Loslassen gibt es bei mir noch absolute Steigerungsmöglichkeiten.

Das Loslassen von Angst ist ebenso für mich ein großes Thema. Wie z.B. die Angst vor Disharmonie. Meine Harmoniesucht ist grenzenlos. Ich liebe den Einklang mit anderen Menschen. Disharmonie macht mich unrund. Sie raubt mir sehr viel Energie und trägt zu unruhigen Nächten bei.

—

Freude

Der Wunsch, meinen Geist fit zu halten, hat mich dazu bewogen, mich mit der Benutzung der Neuen Medien vertraut zu machen. Lange genug habe ich mich dagegen gewehrt. Der Hippocampus ist begeistert. Dies ist jetzt auch wissenschaftlich belegt. Ohne diese neue Erfahrung fühlte ich mich irgendwie in der Gesellschaft sowie auch innerhalb der Familie abgehängt. Ohne Internet, WhatsApp usw. ist die Ausübung meines Berufes kaum mehr möglich. Auch die Korrespondenz mit Familie und Freunden anhand dieser Medien wurde mir immer wichtiger. Einen gewissen Suchtfaktor kann ich da nicht ganz ausschließen. Heute bin ich froh, die Abwehr überwunden zu haben, jedenfalls so gut wie. Auf diesem Gebiet kommen täglich neue Herausforderungen auf mich zu, die mir recht schwerfallen. Ein klarer Fall der Entscheidung: Jetzt oder nimmer mehr.

Die Zeit dabei zu vergessen, kommt schon mal vor. Aber nicht nur dabei. Das passiert mir ständig. Es ist erstaunlich, dass ich, obwohl ich langsamer arbeite und mir mehr Pausen gönne, viel mehr schaffe. Das muss wohl daran liegen, dass durch mehr Sorgfalt und Gründlichkeit weniger Fehler auftreten können. Durch bewussteres Handeln werden Gedanken klarer. Ich merke deutlich, dass mir weniger Dinge aus der Hand fallen. Oder dass ich mich nicht mehr so oft an Gegenständen stoße. Das fällt mir deutlich an weniger blauen Flecken auf.

—

Dies empfinde ich als wirklichen Zugewinn des Älterwerdens. Jawohl: noch ein Mutmacher!

Wie glücklich auch ältere Menschen im Chor singen und damit einer Gemeinschaft angehören, hört man immer wieder. Das habe ich für eine Zeit auch selbst schon erlebt. Meine Schwester und ihr Mann haben im Freundeskreis einen privaten Chor gegründet und sind glücklich mit ihren wöchentlichen Treffen.

Wie wunderbar ist es z. B. in einer Gruppe in der Natur zu wandern. Ein starkes Gemeinschaftsgefühl kann eben auch recht froh machen und mehr glückliche Stunden in dein Leben zaubern. Da ist es sehr wichtig, sich von seinen eigenen vier Wänden auch einmal zu trennen. Bequemlichkeit kann ansonsten einsam machen.

Es ist nicht nur für ältere Menschen wichtig, ein Gefäß zu finden, in das man seine Visionen hineingibt und zu gegebener Zeit darauf zurückgreifen kann. Rechtzeitig damit anzufangen ist ratsam.

In meinem Wesen liegt eine tiefe mir in die Wiege gelegte Freude dem Leben gegenüber. Freude zu empfinden erhöht die Lebensenergie und ist Balsam für die Seele. Ich bete täglich darum, nicht aus der Liebe zu fallen. Bei zu großem Arbeitseifer kann dies nämlich schon passieren. Ständige Überanspannung kann leicht zu Ungeduld und Aggressivität führen.

—

Ich übe mich darin, bei klarem Bewusstsein und vollem Vertrauen, dass DAS geschieht, was mein Herz ersehnt.

Deine Seele weiß doch längst, was Sache ist. Es kommt darauf an, die einzigartigen Momente im Leben zu erkennen und sie wahrzunehmen. Sie kehren nicht wieder. Nimm die Chance wahr. In Japan nennt man sie: ICHI GO ICHI E (Jeder Augenblick ist einzigartig). Man kann nichts anhalten oder festhalten.

Es gibt nur *den* Moment. Gerade hier kann uns das Denken einen Streich spielen. Wer kennt das nicht? Sobald wir anfangen zu denken, fallen wir in die Vergangenheit oder in die Zukunft. Das Jetzt hat dann keinen Raum mehr. Dadurch verpasst man so manchen Augenblick, vielleicht auch manche Chance. Dieser verpasste Moment geschieht aus Angst. Es ist die Angst, Kontrolle zu verlieren und eventuelle zukünftige Nachteile in Kauf nehmen zu müssen.

Damit ist allerdings nicht gemeint, dass nun das Denken aufhören soll, sondern dass es ab und an wichtig ist, den Geist zur Ruhe zu bringen, um neue Lebensenergie zu tanken. Hiermit gebe ich mir selbst die Chance, intuitiv Entscheidungen zu treffen, die Herz und Geist mit einbeziehen.

Der Wechsel von Ruhe und Bewegung tut jedem Menschen gut. Allerdings, zu viele Urlaubstage lassen

—

Jeder Augenblick ist einzigartig

Das ewige Jetzt

Wo ist es nur geblieben

Es hat wohl Flügel

bei mir eine gewisse Reizunterflutung aufkommen.
Dann ist die nächste Herausforderung fällig.

Gerne möchten wir doch immer wissen, was Seele
bedeutet. Dass sie 21 Gramm wiegen soll, hat mir nicht
genügt. Vielleicht ist es ja der Einklang von Herz und
Geist, der im Gefühlten Ausdruck findet? Om C. Parkin
drückt es so aus: „Das Sein und seine Reflexion im
Menschen, das ist es was wir Seele nennen".

Auf jeden Fall habe ich festgestellt, dass, wenn
meine Seele in Wallung gerät, ein schöpferischer
Prozess folgt, der Kreativität freisetzt. Die Umsetzung
folgt dann mühelos. In diesem Fall spreche ich dann
von Glücksmomenten.

Alles, was in mir brodelt, will dann Ereignis werden.
Danach bin ich mit pulsierender Energie angefüllt.
Es erfolgt dann aus der Inspiration heraus ein Gefühl
des Überwältigtseins. Das sind für mich wahre „Magic
Moments".

Immer wieder glauben wir, dass uns gewisse Dinge
nie passieren können. Im Nachhinein war es mir oft
unangenehm, solche Vorhersagen getroffen zu haben.

Ein Nie kann es doch eigentlich gar nicht geben,
wenn jede Form von Energie in unserem Universum
dem Wandel unterliegt? Das Leben ist nun einmal
unaufhaltsamer Wandel. Steven Hawking drückt es

—

so aus: „Nichts kann nicht für immer existieren".
Durch jahrelange Lebenserfahrung kann ich diesem
Prozess mit einem anderen Bewusstsein begegnen.
Schlussstriche zu ziehen, spielt in der Realität des
Alltags-Bewusstseins keine Rolle. Es kommt oft so anders
als gedacht. Unser denkender Geist glaubt immer, dass
er alles im Griff hat. Der alte Sinnspruch aus meiner
Kindheit: „Erstens kommt es anders, und zweitens als
man denkt", bewahrheitet sich ständig bei mir.

Planen können wir immer. Das tun wir ja auch nur
allzu gerne. Nur ob unser Plan aufgeht, wer weiß das
schon? Es gibt absolut keine Chance, die Gesetze des
Universums auszuhebeln. Alles Geschehen hat eben
seine berechtigte Zeit.

In unserem Lebensplan müssen alle Ereignisse
vorgesehen sein. Sonst geschehen sie nicht. Deswegen
glaube ich nicht an Zufälle. Natürlich können wir
sagen, dass dieses oder jenes uns zufällt. Sicher können
wir die Entscheidung treffen, diesen oder jenen Weg
zu gehen. Nur ob wir es bis an das gewünschte Ziel
schaffen, ist keineswegs sicher. Und ob dieser oder
jener eingeschlagene Weg der „richtige" war, wird sich
irgendwann schon herausstellen. Aber auch diese
Umwege sind ein Teil unserer Biographie. Es geschieht
sicher dann, wenn es an der Reihe ist.

„Zufall" kann ein Geschenk, Strafe, Karma
oder Herausforderung des Schicksals sein. Die

—

Begebenheiten fallen uns nicht grundlos zu. Jeder Grund hat eine Ursache und jede Ursache hat eine Wirkung. Einstein hat es so einfach ausgedrückt: „Gott würfelt nicht".

Ich habe das Glück, einen Beruf zu haben, bei dem ich zwar arbeite, jedoch ohne das Gefühl zu haben, dass ich arbeite. Es wirkt während des Prozesses mühelos aus mir heraus. Die Chinesen nennen es WU WEI. Es bedeutet *nicht* nichts zu tun, sondern die Arbeit geschehen lassen. Das macht Arbeit mühelos. Sie gibt dann Kraft, statt sie zu nehmen.

Das ist wohl auch ein Grund, weswegen Kunstschaffende bis ins hohe Alter arbeiten können. Allerdings fallen mir die inzwischen immer häufiger anfallenden organisatorischen Arbeiten schwer. Mich in der digitalen Welt ohne Hilfe zurechtzufinden, dazu bin ich nicht in der Lage. Für diese Lösung habe ich Freunde und Familie.

Meine Arbeit liebe ich sehr. Die Begeisterungs-fähigkeit dafür bringe ich auch gerne zum Ausdruck. Den einfachsten Weg, meine Ziele zu erreichen, habe ich mir dabei nicht ausgesucht. Immer wollte und will alles Ausdruck werden, was ich fühle, sagte mir neulich ein Freund. Natürlich kommen mir dann die Alltagspflichten oft in die Quere. Da muss ich dann lernen, meine Ungeduld zu zügeln. Meine vielköpfige Familie gehört eben auch mit zu meinem Leben.

—

Unsere Zusammentreffen sind mir stets eine große Freude.

Meine Berufung nennt sich Kalligraphie-Künstlerin, ganz genau: Schriftkünstlerin für sino-japanische Schriftkunst. Hier darf ich mich immer wieder neu erfinden. Es ist ein Privileg in der Kunst.

WU WEI – nicht handeln

Bedeutet nicht nichts zu tun

Geschehen lassen

Wenn man diesen Beruf wählt, geht es nur mit Leidenschaft, Herzblut und Verantwortung. Wie für die Liebe, muss man auch für diesen Beruf brennen. Kunst ist nicht nur das Kopieren des Sichtbaren, sondern auch das Abbilden des Unsichtbaren, kommend aus dem tiefsten Selbst oder impulsgesteuertem Fühlen. Dieses gilt es, zum Ausdruck zu bringen.

Kunst kann der Schlüssel zum Zugang der Seele sein und der eigenen Selbsterforschung dienen. Es hat sich bei mir immer so angefühlt, als ob die Schriftzeichen mich gesucht haben.

Alles Loslassen geschieht immer im Ausatmen. Egal, ob eine Mutter ihr Kind gebärt, du deine Wut loslässt oder gar dein Leben, oder ob du das große Glück eines Orgasmus erlebst. So ist es auch beim Kalligraphieren: Vor dem Schreiben einer Linie ist das Einatmen wichtig. Dann beim Ansetzen des Pinsels auf dem Papier sind das Ausatmen und das Loslassen vom Wollen wichtig. Eine gerade oder senkrechte Linie zu schreiben, ist nur im Ausatmen möglich.

In der freien Kalligraphiekunst ist der ekstatische Moment ausschlaggebend, das ist der spirituelle Anteil. Paradoxerweise muss hierbei das gekonnt erlernte klassische Schriftzeichen wieder vergessen werden, um es danach neu und in eigenständiger Interpretation zu kreieren. Das ist die Voraussetzung, um danach spontan und frei mit den Pinseln über die Malgründe zu tanzen,

—

so dass ein eigenständiges, nicht wiederholbares Schriftzeichen gelingt. Es muss dann nicht mehr lesbar, sondern zu erfühlen, zu erahnen, zu spüren sein. Das sind für mich schöpferische Momente.

Performance im Atelierhaus

Das Ergebnis der Arbeit geht über die Vorstellungskraft des Schreibers und die des Betrachters hinaus. Es übersteigt sie sozusagen. Dadurch entwickelt sich eine improvisierte Kunst. Hierbei gilt es, dem Flow des Augenblicks zu folgen. In der Musik z. B. kann sich aus einer klassischen Melodie durch freie Interpretation des Musikers Jazz entwickeln.

Beim Schreiben ist es für mich ein besonderer, ein „ICHI GO ICHI E", ein einzigartiger Augenblick.

Auch hier gilt das Prinzip:
Es ist ein Arbeiten mit klarem Bewusstsein und im Vertrauen, dass ES geschieht.

Ich meine, dass dieses Prinzip für jeden künstlerisch tätigen oder kreativ arbeitenden Menschen von großer Bedeutung ist.

Atem

Schrift zu Bildern zu formen, das kam mir sehr entgegen, also eine Symbiose zu bilden von Schrift und Bild. Dafür sind die sino-japanischen Zeichen eine geeignete Grundlage. Denn jedes Schriftzeichen entspringt in seiner Quelle einem Piktogramm.

Mich in Bild und Wort als Kombination auszudrücken, findet meine Begeisterung. Das habe ich jetzt über 30 Jahre ausgekostet. Die Bild-Bedeutungs-Kombination findet sich heute zum Beispiel im EMOJI. Dies kommt aus dem Japanischen: E bedeutet Bild, unter MOJI versteht sich Buchstabe, Wort oder Satz. Man könnte es auch mit einem Piktogramm vergleichen, aber nicht gleichstellen.

Steve Jobs, dem Mitbegründer von APPLE, diente die Kalligraphie, die er selbsttätig im Reed College in der Universität Portland/ Oregon erlernte, zur Inspiration bei der Entwicklung und Vorbereitung des Smartphones. Er hat sich während eines längeren Aufenthaltes in Japan mit der japanischen Zen-Kultur vertraut gemacht und ihre Einfachheit sehr geschätzt sowie sich intensiv mit der Zen-Meditation befasst und diese bis zum Ende seines Lebens ausgeübt. Dabei kam Steve zu wichtigen Erkenntnissen, nämlich dass die Intuition ein viel mächtigeres Instrument als der Intellekt ist. Es ist eine interessante These, über die es sich lohnt, in eigener Meditation Forschungen anzustellen.

Man kann als Künstlerin an der Welt leiden, vielleicht auch zerbrechen und dies künstlerisch umsetzen. Es gibt aber auch die Möglichkeit, sich an der Welt zu erfreuen und dies zum Ausdruck zu bringen. Beides ist in der Kunst authentisch und wichtig. Die negativen Strömungen des Lebens nehme ich zwar auch sehr bewusst wahr, verinnerliche sie aber nicht. Dabei stelle ich fest, dass die Beschäftigung mit zu viel Negativem mich mehr als in jüngeren Jahren aus der Mitte fallen lässt, mich unrunder macht. Da muss ich doch sehr vorsichtig mit mir umgehen. Meine Belastbarkeit hat bei diesem Thema absolute Grenzen. Da ich von Grund auf ein positiv denkender Mensch bin, glaube ich trotz aller tragischen Geschehnisse weltweit immer noch an das Gute. Bertolt Brecht hat es im Gedicht „Legende von der Entstehung des Buches Taoteking" so ausgedrückt: *„Dass das weiche Wasser in Bewegung mit der Zeit den mächtigen Stein besiegt. Du verstehst, das Harte unterliegt…"*

Wir sind wie Tropfen

Im Meer des All-Bewusstseins

Das ewige Jetzt

Kunstschaffende dürfen sich kein Korsett anlegen.
Kunst lebt durch die Freiheit des Handelns im
Augenblick, im

Jetzt,

Jetzt,

Jetzt ...

Und irgendwann kommt das Verstehen, dass Zeit
immer nur das Jetzt war, ist und sein wird. Ja, älter zu
werden hat schon auch seinen Wert.

Die folgende Abbildung zeigt meine eigenständige
Weiterentwicklung des Zeichens für „Jetzt". Es ist auf
den ersten Blick nicht mehr als ein Klecks, aber es wird
auch ohne Sprache unmittelbar verständlich, dass es
sich zugleich um ein universelles Zeichen für das Jetzt
handelt. In diesem Moment des Arbeitens habe ich
mich nicht vom Denken beeinflussen lassen, sondern
„nur" von meiner Intuition.

Jetzt

Mich selbst nach getaner Arbeit über gelungene Werke zu freuen, das fühlt sich gut an. Da kommt Feierlaune auf.

Schließlich habe ich verdient, dass es mir gut geht. Am Thema der Eigenliebe arbeite ich noch. Das ist mir leider erst sehr spät in meinem Leben klargeworden. Meine vielen Ideen können auch zur Belastung werden. Vor zwei Jahren haben sie mich auch ganz heftig aus der Bahn geworfen. Mein Schlaf wurde quantitativ und qualitativ immer schlechter. Grauenvolle Nächte, in denen sich das Gedankenkarussell nicht zu drehen aufhören wollte, erinnere ich leider noch „gut". Die Tage danach waren qualvoll und nahmen kein Ende. Dies Alarmzeichen zwang mich, mein Leben zu ändern. Mühsam musste ich lernen, vom Erfolgsdruck loszulassen, der mich auch nachts quälte. Auch musste ich von der Vorstellung Abschied nehmen, jedem immer alles rechtmachen zu wollen. Dabei hatte ich mich oft selbst vergessen. Ich habe hoffentlich dazugelernt. Wie dankbar bin ich den Helfern, die mir aus dieser Lebenskrise herausgeholfen haben. Mein Glaube, dass die Schulmedizin mit der Alternativmedizin wunderbar im Einklang funktionieren kann, hat sich hier gut bewährt.

Je reicher unser kultureller Erfahrungsschatz ist, desto differenzierter können wir die Welt sehen. So bin ich sehr dankbar, eine fremde Kultur kennengelernt zu haben und ihre Schriftkunst praktizieren zu können.

—

Meine Erfahrungen durch zwei Japanaufenthalte mit zwei Einzelausstellungen sowie die Freundschaften mit mehreren japanischen Freundinnen und Freunden haben mir sehr geholfen, mich für diese Kultur zu begeistern und sie zu vertiefen. Seither hege ich eine grundlegende Offenheit allem Fremden gegenüber.
Eine wichtige Erfahrung gerade in der momentanen Fremdenfeindlichkeit weltweit. Sie ist wie eine Pandemie in den Köpfen so vieler Menschen. Die Hilfs-bereitschaft vieler Menschen ist stark eingeschränkt und leider eine große Gruppe der Menschheit in ihrem Mitgefühl auch. Das Bewusstsein dieser Menschen ist vernebelt. Du kannst aber eine dicke Wolkendecke noch so lange anhimmeln – wenn sie sich nicht öffnet, kann kein Licht eindringen. Da ist keine Selbstreflexion möglich und damit kann ein Umdenken auch nicht stattfinden.

Deutlich wahrnehmbar ist dies leider bei vielen Politikern weltweit zu erkennen. Diese Kritik betrifft aber wahrlich nicht alle Politiker.

Unbedingt mache ich noch das, was ich immer schon wollte, bevor es nicht mehr möglich ist.

Mein neuestes Projekt war ein 10-minütiger Kurzfilm – gemeinsam mit Freunden auf den Weg gebracht – mit dem Titel „Let it flow". Das war wieder einmal eine ganz neue Erfahrung für mich. Wieviel harte Arbeit für alle Beteiligten dabei vonnöten ist, das weiß ich nun.

—

Drei Kinder habe ich großgezogen, sie brauchten Zeit und Zuwendung. Zeit, die meinem künstlerischen Werdegang fehlte. Das hat Lücken in meine Vita gerissen. In Preisgerichten, welche die Vita häufig als Bewertungskriterium bei der Auswahl heranziehen, fallen diese Fehlstellen negativ auf. Davon wissen besonders Frauen ein Lied zu singen. Tapfer habe ich so manche Absagen hinnehmen müssen. Das ist das Los aller Kunstschaffenden, aber besonders das Los einer Künstlerin mit Familie. Ich bin mir dennoch ganz sicher, den für mich richtigen künstlerischen Weg eingeschlagen zu haben. Er war mir nur möglich mit enorm viel Selbstdisziplin, für welche die Ausübung der Meditation wesentliche Grundlage war und ist. Natürlich bin ich auch den Menschen sehr dankbar, die mich hierbei unterstützt haben, vor allem meine Familie und meine Lehrer. Sowie auch den Menschen, die sich meiner Kunst erfreuen.

Für die japanische Schriftkunst gilt dieser besondere Dank meinem japanischen Professor für sino-japanische Schriftkunst Nangaku Kawamata. Allein kann der Mensch es nicht schaffen, Ziele zu verwirklichen. Wir sind alle aufeinander angewiesen. Meine Mutation von einer westlich geprägten Druckgraphikerin zur Kalligraphin für japanische Schriftkunst sorgte anfänglich verständlicherweise für Irritationen bei den Betrachtern meiner Kunst. Insbesondere weil diese mit dem von westlicher Kultur geprägten Blick auf diese „unverständliche" Kunst

—

trafen. Doch diese Anfangsschwierigkeiten sind bei vielen Betrachtern inzwischen überwunden. Meine ersten Kunden wurden dann die Menschen, die sich mit der japanischen Kultur längst befasst hatten.

Strandspaziergang

Wichtig in meinem Leben waren und sind Spaziergänge am Strand mit Wasser, Himmel und Meer.

Natürlich am liebsten bei Sonnenschein, aber schlechteres Wetter hält mich hierbei nicht ab. Heftige Stürme am Meer begeistern mich. Hier spüre ich nicht nur den eigenen Puls, sondern auch den der Mutter Erde. Es gibt mir ein Gefühl angekommen, zuhause und in meiner Mitte zu sein. Das Einssein mit der Natur setzt wunderbare Momente frei. Es kommt oft bei mir ein Gefühl des Überwältigtseins auf. Das ist Salbei für die Seele. Hier fühle ich mich immer zuhause.

Die Wellen der Meere sind mal sanft in Bewegung oder mal tobend. Doch wir Menschen haben nicht vorhergesehen, wie sich die Naturgewalten verändern, seit wir so stark in diese Abläufe eingegriffen haben. Nun ist es höchste Zeit, darauf zu reagieren. Wir merken doch gerade alle, dass die Mutter Erde dabei ist, sich rundherum zu wehren. Die Natur rächt sich. Wir sind gezwungen, uns in Geduld, Bescheidenheit und Achtsamkeit zu üben. Viele Menschen wundern sich immer noch warum.

Hierbei geht es nicht nur um die äußere Umweltverschmutzung, sondern auch um eine *Innenweltverschmutzung*. Das ist der Ansatz zum Umdenken und Handeln. Schließlich beginnt jede äußere Veränderung immer erst im Geiste, in unserem eigenen Bewusstsein.

—

Spiritualität heißt auch zu sehen, was in der heutigen Gesellschaft vor sich geht. Dies hilft der Erkenntnis, dass jeder von uns solidarisch in der Verantwortung steht, einen Beitrag zu leisten zur Heilung der Mutter Erde. Schließlich haben kommende Generationen auch ein Recht auf ein würdiges Leben auf diesem Planeten.

Mit zunehmendem Alter habe ich immer mehr das Bedürfnis, mich zu bewegen. Das zuviele Sitzen bekommt mir nicht so gut. Bewegung bedeutet lebendig sein. Aber wenn die körperliche nicht mit der geistigen Beweglichkeit einhergeht, nützt dir das ganze Herumstrampeln auch nichts. Das eine hängt mit dem anderen zusammen.

Meditation ist ein wunderbarer Weg, den inneren Ruhepol zu finden, um kraftvoller den Alltag zu meistern. Das Innehalten, das komplette Zur-Ruhe-Kommen durch die Besinnung auf unseren Atem schafft neue Energie.

Dem Meer lauschen

Der Natur so nah

Ahnung von Allmacht und Liebe

Macht mich demütig

Das Procedere des Stillsitzens und des gleichzeitigen Besinnens auf das Ein- und Ausatmen ist eigentlich sehr einfach, fällt aber vor allem den Anfängern verständlicherweise sehr schwer. Das weiß ich aus eigener Erfahrung nur allzu gut. Der Geist will ständig in Bewegung sein und lässt sich nur schwer zur Ruhe zwingen.

Da heißt es nur üben, üben und üben. Wichtig ist ein ruhiger Platz zum Sitzen. Es muss kein Meditationskissen sein, es reicht auch ein Stuhl, auf dem man entspannt, aber aufrecht sitzen kann. Der großartige Atemtherapeut Wim Hof rät seinen Klienten, das bewusste Ein- und Ausatmen auch im Liegen zu üben. Und mit Geduld kommt irgendwann der Punkt, an dem das Stillwerden zu innerer Freude und zum Bedürfnis wird. Durch die Besinnung „nur" auf den Atem wird das Denken ausgeschaltet und man gerät in einen entspannten Jetzt-Zustand. Dies verschafft ein inneres Glücksgefühl.

Und irgendwann wird es dir ein unsichtbares Lächeln ins Gesicht zaubern.

Dies ist mein wichtigster Tipp zum Älterwerden.

—

Meditation

Das Zauberwort für Stille

Macht den Geist so klar

Das Leben hat mich wahrlich nicht nur auf Händen getragen. Es hat mich aber dennoch widerstandsfähiger und anpassungsfähiger gemacht, zum Beispiel für unerwünschte Lebenssituationen, die an mich herantraten.

Ich habe immer versucht, diese Situationen erst einmal anzunehmen und anzuschauen.

Bei ausweglosen Situationen hat mir dann zu weinen und zu beten geholfen. Wenn Tränen fließen, fließt die innere Energie wieder.

Es wird uns leichter ums Herz. Weinen hilft so viel, weil dann in deinem Herzen wieder Platz für ein neues Lächeln frei wird. Das Gute ist, dass Kummer kreative Prozesse in uns frei werden lassen kann. Es ist zwar recht kraftaufwendig, aber sehr hilfreich, diese Prozesse in Bewegung zu setzen.

Immer noch bin ich dabei, meine Potentiale in bescheidener Weise zu entdecken. Ich habe wieder mit dem Klavierspielen angefangen, mache auch kleine Fortschritte, da ich fast täglich übe. Und hier darf es auch wirklich beim Üben bleiben, es ist nur der Freude wegen. Das Gefühl für kurze Zeit mal die Welt zu vergessen und in Klänge abzutauchen. Es fühlt sich ganz wunderbar an. Dass es auch meinen Hippocampus in Bewegung hält, ist ein guter Nebeneffekt.

—

Ich habe vor, bis zum letzten Atemzug zu arbeiten, einfach weil ich weiter glücklich sein möchte.

Alle die schönen Dinge, die ich erlebe, nehme ich mit großer Dankbarkeit an und manches versuche ich künstlerisch umzusetzen, um es dann dem Betrachter nahe zu bringen. Meine Begeisterungsfähigkeit kennt auch hier keine Grenzen. Kunstschaffende dürfen so sein, weil Kunst dazu dienen kann, Verborgenes aufzuzeigen. Viele Kunstschaffende, egal ob Frau oder Mann, möchten die Welt verbessern. Gerne drücke ich mich mit dem ganzen Körper aus. Das großformatige Kalligraphieren kommt mir da sehr entgegen.

Ich bin dankenswerterweise mit einem gewissen Durchhalte- und Aushaltevermögen auf die Welt gekommen. Pflegeleichte Männer habe ich mir nicht ausgesucht. Bin es selber aber auch nicht. Man lernt eben voneinander. Das ist ein Teil unseres Zusammenlebens. Wie hat es Schopenhauer so richtig ausgedrückt: „Das Schicksal mischt die Karten, und wir spielen."

Ich freue mich sehr über eine immer größer werdende Familie. Wie wunderbar ist es, wenn wir uns gegenseitig besuchen und uns einander stützen und erfreuen. Das ist für mich ein großes Stück Lebensqualität. Die Generationsunterschiede erinnern mich an meine eigene Vergänglichkeit. Diese Wahrnehmung ist nicht immer einfach anzunehmen,

—

aber sie ist natürlich. Damit müssen alle älteren Menschen lernen klar zu kommen. Ein liebevolles soziales Umfeld kann aber auch eine Familie ersetzen.

Es ist die Berührung mit unserer eigenen Vergänglichkeit. Das Leben und das Sterben. Sie sind ein Kontinuum. Es ist das Näherkommen an unseren Ursprung, die Endlichkeit des Seins. Die Liebe zu uns und allen Wesen ist unsere eigentliche Aufgabe, die Basis allen Schaffens. Sie ist unser Atem, der uns bestimmt zu sein oder nicht zu sein. Es ist eben auch eine Art Kunst, älter zu werden.

Atem

Mit zunehmendem Alter gewinne ich mehr Klarheit darüber, was für mich wesentlich ist. Wir alle sind Teil der Menschheit in unserer kulturellen Verschiedenheit und Vielfalt. Nur mit gemeinsamem Respekt und Liebe kann Frieden in der Welt bewirkt werden. Ideologisches Denken und Handeln stören die gesellschaftliche Integrität und damit den Weltfrieden.

Frieden zwischen Völkern kann sich nur entwickeln, wenn Feindbilder abgebaut werden. Die Völker dürfen gerne näher zusammenrücken. Die kulturelle Vielfältigkeit der verschiedenen Völker kann trotzdem erhalten bleiben. Durch Vernetzung und Globalisierung ist dies möglich. Selbstverständlich hat das auch Nachteile. Dies gilt es immer abzuwägen. In unserer Welt der Polarität gibt es immer das eine und das andere.

Lange habe ich geglaubt, die Welt retten zu können. Wie man sieht, hat es nicht geklappt. Wir können nur den Blick auf die Welt verändern. Und damit uns selbst retten. Dieser Blick darf grenzenlos sein, genau wie die Kunst. Das Wichtigste ist, um mehr Frieden in diese Welt zu bringen, in Liebe, Fürsorge und Verantwortung für die Menschen und dich selbst zu sein. Wie oft hilft da ein Lächeln. Es ist auf jeden Fall ein wunderbarer Anfang.

Aber, es ist schon möglich, dass ein einzelner Mensch in der Welt viel bewegen und verändern kann.

—

Es ist auch wichtig, dass die Menschen mit Durchblick sich zu Wort melden, dass sie Impulse geben, um zu verändern. Das erfordert persönlichen Einsatz und Mut. Dafür dürfen wir sehr dankbar sein. Wieviel reicher ist unser Leben durch die Ideen und Werke von Schaffenden in Philosophie, Dichtkunst, Musik, Bildender Kunst, Wissenschaft, Technik, Architektur, Spiritualität etc. geworden. Das hat es immer gegeben und wird auch weiterhin in stetem Wandel durch Entwicklung so sein.

Die Kunst ist in der Lage, Brücken zu bauen. Diese fernöstliche Schriftkunst sehe ich als Brücke vom Westen zum Osten – und umgekehrt. Geschriebene Worte können kraftvoll wirken.

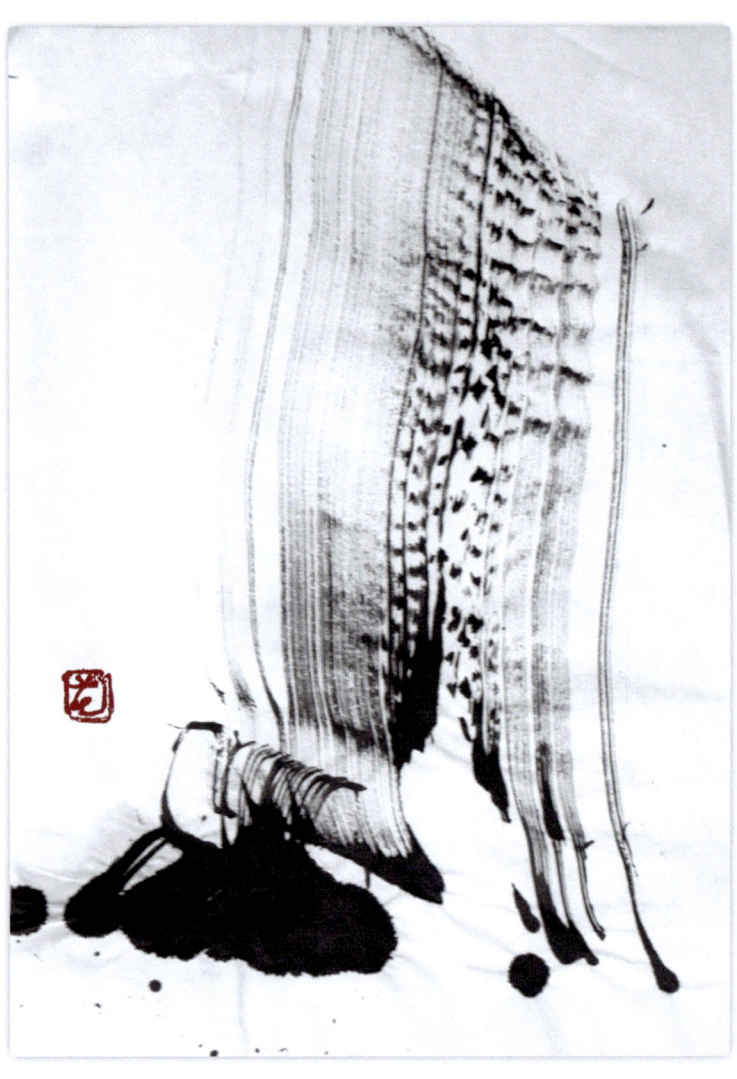

Energie

Kunst hat für mich von jeher einen hohen Stellenwert eingenommen. Kunst dient mir als frohe Botschaft und Ausdruck des Friedens und der Liebe.

Eine Gesellschaft ohne Kultur ist Leben ohne Kreativität. Für mein Leben nicht lebenswert. Die Beraubung von Freiheit in der Kunst ist für mich Entmenschlichung. Wer durch Einschüchterung die Kunst beschränken will, der beschränkt am Ende die Demokratie. Ebenso sehe ich es mit der Beschneidung der Pressefreiheit.

Kunst nur als Deko zu betrachten oder als Kapitalanlage statt innerer Erbauung ist jedem selbst überlassen. Na ja, wer es mag?

Kunst ist grenzenlos schöpferisch. Hier habe ich zu meinen Wurzeln gefunden, mich berauscht, begeistert, hier habe ich mir die Freiheit erlaubt, ganz eigene Wege zu gehen. Wir haben einfach kein Recht auf Normalität, in keiner Beziehung, erst recht nicht in der Kunst!

Da dürfen Kunstschaffende mit wenigen Mitteln viel aussagen oder zumindest das Wesentliche ausdrücken. Auf das kommt es schließlich an.

Was darf Kunst bewirken?

—

Kunst darf:

- Dinge in Bewegung setzen

- Dinge vorwegnehmen

- berühren

- aufrühren

- wachrütteln

- verändern

- kreative Prozesse freisetzen

- zur Besinnung bringen

- Klarheit schaffen

- im Unklaren lassen

- Menschen miteinander verbinden

- Grenzen überwinden

...

Kreativität

Fließt aus ewiger Quelle

Zu wahrer Freude

Wir müssen lernen aufzuhören, uns selbst zu begrenzen in unserem Denken und Handeln. Dadurch lernen wir das Ausgrenzen zu verhindern. Grenzen existieren nur in den Köpfen der Menschen.

Eine Änderung unseres Bewusstseins ist durch Stillwerden des Geistes möglich. Dies bringt Klarheit des Geistes und letztendlich Erkenntnis unseres SEINS. Es zeigt uns, wer wir eigentlich sind.

Meine Meditation hat nun, wo ich älter geworden bin, keinen Namen mehr. Es geht hier nur um den sanft fließenden Atem, der uns das Leben schenkt. Sie hilft mir, inneren Frieden zu finden und zu erkennen, dass jedes Wesen Teil der Schöpfung ist. Meditation hilft uns, demütig zu werden.

Zur japanischen Kalligraphie bin ich in erster Linie über die Meditation gekommen. Sie hat mir den Zugang zur fernöstlichen Schriftkunst geöffnet. Diesen Weg vor über 30 Jahren gegangen zu sein, erfüllt mich nach wie vor mit allergrößter Dankbarkeit. Hierbei ist mir klargeworden, dass der Urgrund unseres Seins Liebe ist.

In der Kalligraphie geht es um sichtbar geformte Linien. Diese spiegeln meine inneren Lebenslinien wider. Man sagt nicht umsonst, dass Schrift immer ehrlich ist. Ich habe wie beim Schreiben der Schriftzeichen auch hier das Gefühl, dass mich die Verse suchen.

—

Ein liebendes Herz
Lässt Menschen Flügel wachsen
Gibt Mut zu Großem

Sie ist Tanz und Spiel
Die große Weltenbühne
Spiel und tanze mit

Das ewige Jetzt
Wo ist es nur geblieben
Es hat wohl Flügel

Haikuverse und Tuschezeichnungen 2019

„Wenn man mich erlebt, hat man Freude am Älterwerden", sagen mir so manche Menschen. Das kommt wohl daher, dass ich meine Lebendigkeit zum Ausdruck bringen kann und mich nicht zu alt fühle, Neues anzugehen.

Neulich meinte jemand, für Facebook bist du schon viel zu alt. Ha, das hat mich erst recht angespornt. Und siehe da, ich habe viel Freude daran! Wenn der Körper und Geist noch beweglich sind, ist man für vieles nicht zu alt. Warum auch! Die Bestätigung durch meine drei großen Enkelkinder mit: Oma, du schaffst das schon, hat mir da richtig Mut gemacht.

Unlängst las ich den Satz: Höre nie auf anzufangen, fange nie an aufzuhören. Das kommt sowieso, aber erst, wenn es an der Reihe ist. Noch ist meine Lebensenergie nicht am Ende. Noch habe ich genügend davon.

Es ist für Kunstschaffende normal, dass er oder sie Spuren der Arbeit hinterlassen möchte. Das ist der Sinn von Kunst. Ich bin sehr froh darüber, diese sino-japanischen Schriftzeichen den westlichen Menschen nahe zu bringen und hier im Westen wirken zu lassen. Es ist wohl so, dass die Menschen wie eben bereits erwähnt offener für diese Art von Kunst geworden sind. Das Verständnis, dass fernöstliche Schriftkunst nicht nur von Asiaten ausgeführt werden kann, sondern dass auch ein westlicher Mensch dazu in der Lage ist, wird immer mehr verstanden und angenommen.

—

Umgekehrt funktioniert es ja auch. Die Japaner sind begeisterte Anhänger westlicher Bildender Kunst und Musik. Meine japanischen Musiker-Freundinnen spielen meisterhaft unsere westliche Musik. Hier darf besonders in westlichen Künstlerkreisen noch ein Umdenken stattfinden.

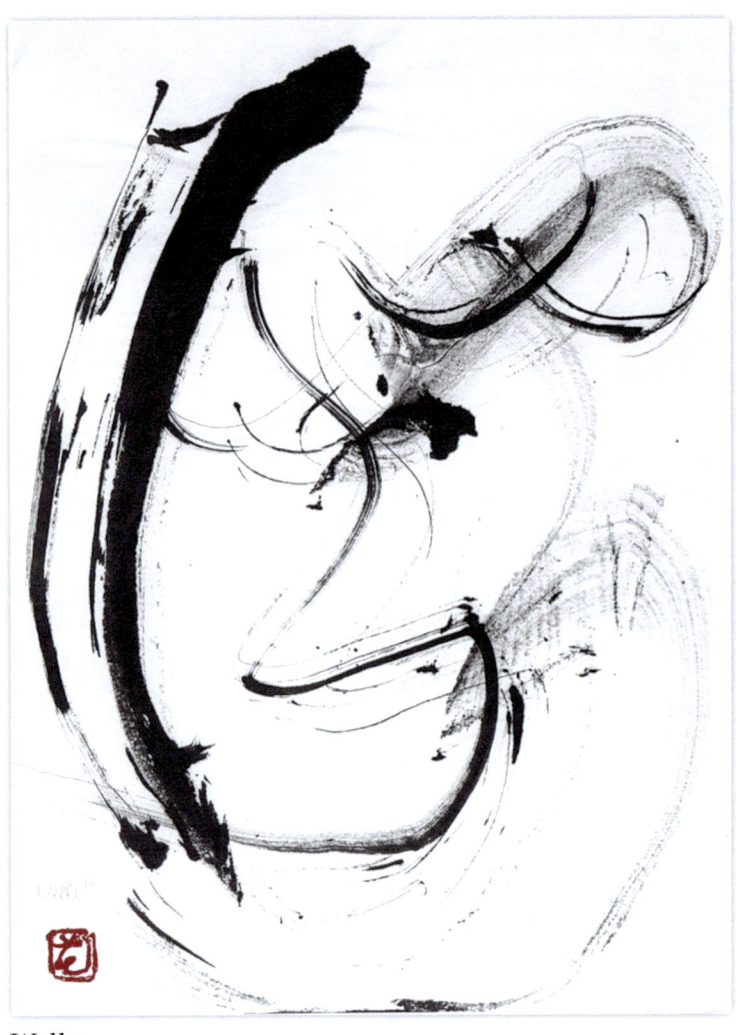

Welle

Wir alle haben altersunabhängig das Bestreben nach Glück. Es ist nur in Verbindung mit Frieden zu erreichen und naturgemäß kein gefühlsmäßiger Dauerzustand.

Das Gefühl für Zufriedenheit ist bei jedem Menschen individuell einzuordnen. Glück empfindet der Mensch in Wellen, manchmal in hohen Wogen. Aber auch jede Woge ebbt wieder ab. Also könnte man sagen, dass es „nur" Glücksmomente gibt.

Neugierde, Wissensdurst und Anteilnahme befriedigen, kreative Prozesse in Gang setzen und vor allen Dingen in Liebe sein, das löst wahre Glücksgefühle aus. Lasst uns für die Liebe brennen, vor Allem für die allumfassende.

Wenn der Pinsel voranstürmt, die Tusche nur so aus dem Pinsel rotzt und sich auf den Malgrund ergießt, entsteht ein unvorhersehbares Schriftzeichen mit absichtslosem Ergebnis. Das ist für mich ein wahrer Glücksmoment. In diesem Augenblick des Agierens bin ich nicht von dieser Welt, aber in dieser Welt. Es ist wie ein Rausch.

An diesem Punkt angelangt, kann ich wirklich loslassen vom Denken und Wollen. Damit meine ich den einzigartigen Moment, der ein wahres Glücksgefühl hervorrufen kann. In solchen Momenten fühle ich mich liebevoll aufgehoben und angenommen. Und zwar deswegen, weil ich zulasse, dass ES geschieht.

—

Sobald sich beim Schreiben eines „freien Zeichens"
das Denken einschaltet, kommt es häufig zu einem
Ergebnis der Arbeit, das sofort verworfen werden muss.
Glück ist eben nicht nur ein Dauerzustand, wie hier am
Beispiel misslungener Arbeiten zu erkennen ist.

Verworfene Arbeiten

Klang

Glücksmomente sind außerdem für mich:

- Begegnungen mit Menschen, die mein Herz berühren

- Klänge, die unter die Haut gehen

- Augenblicke im Einklang mit der Natur

- Das Münden von Erfahrungen in Erkenntnisse

- Den Weg zu mir selbst zu finden

...

Gerne erinnere ich mich an Zeiten – ich muss etwa Mitte dreißig gewesen sein – im ersten eigenen Auto sitzend bei lauter Musik, heruntergekurbelter Fensterscheibe. Das Herz springt mir fast aus dem Leibe vor lauter Lebensfreude und Freiheitsdrang. Was aber das Schöne ist, noch heute singe ich freudig laut mit, rhythmisch mitgroovend, wenn ich im Auto bei schöner Musik sitze. Das genieße ich aus vollem Herzen. Das sind Momente in meinem Leben, in denen ich mich lebendig und jung fühle. Da möchte ich einfach nur weiterfahren, nirgends ankommen, nur sein in diesem Moment. Da wird mir sehr bewusst, dass die Beschäftigung mit Musik eine Steigerung der Glücksfähigkeit fördert. Musik ist ein wichtiges Lebenselexier und kann Völker verbinden.

Die Leidenschaft fürs Tanzen ist mir Gott sei Dank auch noch erhalten geblieben. Bei den Tagen der offenen Tür im vergangenen Jahr in meinem Atelierhaus überkam mich und eine meiner Enkeltöchter die Lust zu tanzen. Die Gitarrenmusik eines befreundeten Musikers inspirierte uns spontan. Tanzen ist pure Lebensfreude! Ein Energieknaller!!!

Tag des offenen Ateliers 2019

Tanz

Ich lasse es zu, dass noch viel kommen darf.

Und: Ich lasse es fließen. Es ist nichts Neues, dass immer wieder ältere Menschen in Liebe fallen. Warum auch nicht? Es passiert absolut nicht willentlich. Wir können so etwas nicht beschließen, plötzlich ist es da. Mit Eigenwillen hat es nichts zu tun. Ist dies Schicksal, Karma, Fügung? Wer weiß?

Die Auswirkungen des Sich-Verliebens sind nicht anders als bei jüngeren Menschen. Das Fließen liebevoller Energie ist ein ganz natürliches, altersunabhängiges Gefühl in uns. Es ist ein Spiel mit vielen Varianten.

Wie schön, wenn Mann/Frau noch in Saft und Kraft sind. Qualität würde ich immer der Quantität vorziehen. Da sag ich nur: Let it flow. Es ist doch wunderbar, dass ein natürliches Gefühl noch in fortgeschrittenem Alter bestehen kann. Verdrängte Sexualität macht auf Dauer krank oder unzufrieden. Negative Bewertungen, wenn ein älterer Mensch dem Sinnlichen noch nicht abgeschworen hat, finde ich arrogant und überflüssig. In der Generation meiner Eltern waren solche Bemerkungen nicht ungewöhnlich.

Meine Sexualität als jüngere Frau war oft belastet durch die Angst, wieder schwanger zu werden. Die Zeit nach den Wechseljahren war für mich sehr viel entspannter und lustvoller. Auch da empfinde ich mein Älterwerden als großen Vorteil.

In Liebesbeziehungen ist alles möglich. Man kann sich z. B. erneut in den eigenen Partner verlieben. Ebenso ist es möglich, dass sich ältere Paare trennen und eigene Wege gehen. Ich erlebe auch, dass sich Menschen von heute auf morgen einem gleichgeschlechtlichen Partner zuwenden und endlich lernen, die eigene Sexualität selbstgemäß zu leben.

Es kann aber auch vorkommen, dass wir unseren fehlenden Seelenanteil in einem anderen Menschen erkennen und wiederfinden. Zu solchen Menschen fühlt man sich besonders hingezogen. Hier gilt es den Weg zu gehen, den dein Herz gehen muss. Dass ältere Männer sich mit jüngeren Frauen einlassen war immer schon normal. In meinem Leben sollte es anders ablaufen. Umgekehrt waren und sind es eher die Ausnahmen. Als Lebenspartner kann ich einen jüngeren Mann sehr empfehlen. Auf jeden Fall kann es zur Verjüngung von uns Frauen beitragen, in jeder Beziehung.

Ich kenne so einige Menschen in meiner Umgebung, die recht glücklich und zufrieden gänzlich ohne Sexualität auskommen oder jedenfalls ohne Partner. Es lebe die Freiheit.

—

Leben ist Fließen

Urmacht des Schöpfungsaktes

Quelle der Freude

Fülle

Die französische Designerin Charlotte Perriand hat es auf den Punkt gebracht: „Leben heißt leben zu lassen, was in uns ist. Das dürfen wir nie vergessen."

Nichts ist in Liebesdingen unmöglich. Der Glaube an eine höhere Instanz lässt uns zumindest darüber nachdenken, wie real unser freier Wille wirklich ist oder wann er anfängt und wo er endet.

Ich habe mir vorgenommen, das letzte Viertel meines Lebens – hier spricht die typische Optimistin in mir – zu genießen.

Momente des Augenblicks von Glück möchte ich bewusst wahrnehmen. Ich möchte spüren, dass jeder Augenblick in jeder Begegnung mit Menschen, die mein Herz berühren, einzigartig ist.

„Den Ball immer schön flach halten, ist nur was für Feiglinge", habe ich neulich gelesen. Es war und ist einfach nicht mein Lebensmotto.

Ein Tipp des Alters

Denke und handle stets groß

Der Weg ist das Ziel

Die Rennerei hat bei mir aufgehört. Jetzt ist das Flanieren angesagt. Klingt auch viel netter.

Nun wo ich lerne vom Erfolg loszulassen, meint es das Universum immer besser mit mir. Von Gelassenheit allerdings bin ich noch weit entfernt, da kann ich von meinen Kindern und Enkelkindern viel lernen.

Meine Schaffenskraft verdanke ich auch guten und gesunden Lebensbedingungen. Meine Generation hat die Möglichkeiten der gesundheitlichen Vorsorge. Da unterscheiden wir uns von den meisten unserer Eltern und Großeltern.

Mit meiner ungeduldigen Art habe ich mich selbst zu oft in Stresssituationen gebracht und unter Druck gesetzt. Im Volksmund heißt es zwar „Diamanten entstehen unter Druck", aber ich habe damit auch meiner Gesundheit geschadet. Hinterher weiß man alles besser. Ängste haben mich über viele Jahre geplagt. Angstfrei bin ich zwar heute noch nicht, aber sie ist geringer geworden und nicht mehr so heftig in ihrer Auswirkung.

Aristoteles Worte berühren mich da sehr:
„Angst ist das Leid, das einen angesichts eines anscheinend bevorstehenden Übels packt, verbunden mit einem Gefühl der Machtlosigkeit, das Übel nicht aus eigener Kraft abwenden zu können." Om C. Parkin drückt es so aus: „Da wo Liebe ist, hat Angst keinen

Raum." Oder umgekehrt ausgedrückt: „Die Angst breitet sich da aus, wo die Liebe verdrängt wird."

Dazu die Philosophin Martha Nussbaum:
„Es kommt darauf an, die Ängste zu prüfen und einzudämmen, damit sie ihr Gift nicht freisetzen."

Die gegenseitige Anerkennung aller Religionen wäre ein wünschenswertes Ziel weltweit. Toleranz ohne ideologisches Denken und Handeln, wäre oberstes Gebot. Die Liebe muss hier immer Priorität haben. Dann hätten in dieser Welt alle Religionen Platz, denn in ihrem Tenor wie schon erwähnt, haben sie alle dasselbe Ziel, die Rückkehr zur Quelle, aus der wir alle hervorgehen.

Wenn das richtig verstanden wird, können Religionsanhänger in ihrer jeweiligen Ausübung zu innerem Frieden finden. Ganz ohne Religionen – zumindest in dieser Zeit – ist Frieden in der Welt nicht möglich. Wichtig wäre allerdings, der Spiritualität wesentlich mehr Raum zu geben. Ein riesiger Wandlungsprozess wäre hier vonnöten. Doch es braucht eine Zeit, um alte Muster abzulegen. Die Gleichstellung von Mann und Frau weltweit wäre vor allem ein sehr wichtiger Prozess zum Voranbringen des Weltfriedens.

Es gibt noch so viel zu tun und zu verändern. Nichts macht uns Menschen mehr Angst als Veränderungen,

—

z. B. in Bezug auf Verlust von Macht. Der Prozess des Wandels ist längst im Gange. Und das wird jetzt auch, im 3. Jahrtausend angekommen, endlich Zeit.

Die Friedensbotschaft

Im Einklang von Mann und Frau

Verändert die Welt

Eine harte Kindheit und Jugend haben mich geprägt, ohne dass mein Herz erhärtet ist. Im Gegenteil, das Verstehen vom Leid anderer Menschen hat mich weicher und mitfühlender gemacht, auch inzwischen mir selbst gegenüber.

Ich habe mich so manches Mal gefragt, was mir in meinem Leben am meisten Probleme bereitet hat:

- Die Nachtgedanken zu vertreiben und
- das Gedankenkarussell loszulassen.
- Anderen und mir selbst zu vergeben.
- Vorurteilsfrei zu agieren.
- In Ruhe und Gelassenheit zu sein.

Oft musste ich achtgeben, nicht aus der Liebe – auch der zu mir selbst – zu fallen. Bei zu vielen negativen Gedanken, zu viel des Planens und des Arbeitens sowie bei zu wenig Ruhephasen kann das leicht passieren. Da hilft nur so schnell wie möglich, wieder die eigene Mitte zu finden.

Der Weg des Lichtes

Setzt die Dunkelheit voraus

Uralte Weisheit

Und wie schon gesagt, das Loslassen ist nach wie vor immer noch ein großes Problem für mich.

Schon lange mache ich mir Gedanken darüber, ob es eine Wahrheit geben kann, da doch jeder Mensch seine eigene Wahrnehmung hat. Sie kennt keine Objektivität, ist individuell und kommuniziert mit der inneren Stimme. Und das, was wir wahrnehmen, ist Teil unseres Bewusstseins. Allerdings kann ein Mensch wahrhaftig leben und sein. Daran glaube ich fest.

Und irgendwann wurde mir klar, dass jeder Mensch mit unendlicher Liebe angefüllt ist. Diese gilt es freizusetzen und in die Welt zu ergießen, damit sich Frieden ausbreiten kann. Vielleicht ist das nur ein Traum von mir ...

In mir ruht immer noch eine große Hoffnung der Forschung der Physiker über die Erklärung des Universums. Albert Einstein hat uns an Hand der Relativitätstheorie das Zeit-Raum-Kontinuum erklärt. Steven Hawking und andere Physiker haben sich mit der Entstehung und Beschaffenheit der schwarzen Löcher befasst. Es wird weitere Forscher geben, da Wissenschaft sich stets erneuert und weiterentwickelt. Was mag wohl jetzt kommen? Vielleicht wird es ja die Entdeckung sein, dass alles Geschehen im Universum nur Traum oder Illusion ist? Oder nur in unserem Bewusstsein existiert? Oft kommt es mir jetzt schon so vor.

—

Heute befasse ich mich mit dem Leben wie auch mit dem Tod. Die Beschäftigung mit dem Tod macht mir keine Angst mehr. Ich nehme es von vielen älteren Menschen wahr, die das gleiche als bereichernd empfinden.

Wenn der Körper stirbt

Was ist es was noch bleibt

Der Atem Gottes

In dem Wissen, dass nichts so bleibt wie es ist, muss sich jeder Mensch dem Wandel beugen. Natürlich werde ich irgendwann auch alt sein. Spätestens dann, wenn die Kräfte schwinden und ich nicht mehr selbstbestimmt leben kann und ich nur noch auf die Hilfe meiner Mitmenschen angewiesen bin.

Angst um meine Pflege habe ich aber nicht. Bei drei Kindern und mehreren Enkelkindern, um die ich mich gekümmert habe, ist es allzu natürlich, dass ich über eine absehbare Zeit auch Hilfe und Fürsorge durch meine Familie erfahren werde.

Für das Selbstbewusstsein und die Zufriedenheit im Alter ist es wichtig, anderen Menschen noch etwas zu bedeuten. Geschlechtsunabhängige Zuwendung untereinander kann sehr beglückend sein. Die Kurve der Lebenszufriedenheit steigt statistisch ab dem 45. bis zum 85. Lebensjahr. Ein wunderbares Beispiel der Lebensfreude ist die 85jährige Sängerin Tina Turner. Immer wieder beobachte ich, dass viele kreative und gestaltende Menschen glücklicher leben und damit meistens älter werden. Dabei ist es nicht wichtig, selbst Künstlerin oder Künstler zu sein. Sich Kunst zu betrachten oder auf viele verschiedene Weise zu genießen, kann sehr zur Lebensfreude beitragen. Bei vielen über Hundertjährigen liegt das Älterwerden natürlich auch an der Beschaffenheit ihrer Gene.

—

Ehrenamtliche Tätigkeiten erleichtern älteren Menschen den Alltag ohne Einsamkeit zu erfahren. Sie tragen zur Zufriedenheit und zum Glücklichsein bei.

Das Wichtigste, was im Alter an Ernte eingefahren wird, ist der über Jahre gereifte Erfahrungsschatz. Den dürfen wir dann gerne an die jüngere Generation weitergeben.

Nun darf ich einfach so sein wie ich bin, habe nichts mehr zu verlieren außer meiner vergänglichen irdischen Hülle. Den Rest, was immer dies sein mag, kann mir niemand mehr nehmen. Und ich glaube daran, dass dann irgendwann der Punkt kommt, wo ich mich auf den Tod freuen kann. Wie gut, dass wir heutzutage nicht mehr unter Qualen von Schmerzen sterben müssen.

Der im Januar 2019 verstorbene Künstler Tomi Ungerer sagte zum Tod: „Der Tod ist nur ein Zollbeamter für die Passage in eine andere Welt." Weise Menschen sagen, dass wir so lange inkarnieren, bis wir wieder eingehen in die große kosmische Seele. Welch schöner Gedanke!

Eines kommt gewiss noch, nämlich, dass der wirklich alte Mensch davon frei ist, noch lange dieses Erdenleben leben zu müssen. Das bedeutet dann die totale Freiheit vom Wollen. Danach in den seligen Gefilden des Lichtes zu wandeln, kann ich

—

mir wunderbar vorstellen. Wie gut, dass auch dies mit Wissen nichts zu tun hat. Da hilft nur Glaube und Vertrauen sowie das eigene Bewusstsein dafür. Glauben kommt aus der Tiefe unseres Seins. Sie führt uns zurück zum natürlichen, göttlichen Ursprung, der Quelle allen Seins.

Am Ende ist es doch die Liebe, die alles in Ordnung zu bringen vermag, da bin ich mir ganz sicher. Es wird mir immer klarer, dass ich selbst verantwortlich bin für mein Tun, Denken und Handeln. Ich lerne gerade aufzuhören, mich selbst zu verurteilen. Es hat mir stets ein schlechtes Gewissen bereitet. Dann erst kann Mitgefühl und Wertschätzung, Freude und Liebe in mir und damit aus mir fließen. Behandel dich selbst so liebevoll, wie du andere Menschen behandeln möchtest. Kläre deine Schlüsselthemen. Auf jeden Fall ist es einen Versuch wert.

Und wenn ich eines gelernt habe in meinem langen Leben, dann ist es die Erkenntnis, dass es niemals für einen Neubeginn zu spät ist.

—

Harmonie und Frieden

Es leuchtet hell auf

Das grüne Licht der Seele

Jetzt ist der Weg frei

Hanako 2019 am Atelierhaus

Zu den Versen

Meine Verse sind spontan als Dreizeiler in je fünf, sieben und fünf Silben entstanden.

Somit hat es die Versform eines japanischen Haiku. Die Worte sind nicht konstruiert, sondern frisch und frei direkt aus dem Zusammenwirken von Herz und Geist im Einklang entstanden. Ich nenne sie als japanische Wortschöpfung SHINKU. Shin bedeutet Herz und Geist gleichzeitig. Unter KU ist der künstlerische Vers zu verstehen.

Die Verse müssen sofort zu Papier gebracht werden, da sie so schnell wie sie daherkommen auch wieder davonfliegen können.

Über die sino-japanische Schriftkunst

Ausgangspunkt auch für die heutigen
Schriftkünstlerinnen und -künstler der japanischen
Schriftkunst ist die chinesische Schrift mit ihren
Bildzeichen (Piktogrammen). Diese Entwicklung währte
etwa fünf Jahrtausende. Sie umfasst verschiedene Stufen
von archaischen Schriftformen bis hin zum Ideogramm
(Begriffszeichen). Während dieser Jahre entwickelten sich
mindestens 50 unterschiedliche Schriftstile. Vor etwa
1.500 Jahren gelangte ein Großteil dieser chinesischen
Schriftzeichen mit buddhistischen Mönchen nach
Japan. Noch heute gehört es zu den Grundlagen der
Kalligraphiekunst in Japan, die verschiedenen Stufen
dieser Schriftentwicklung zu erlernen.

In der japanischen Schriftkunst werden zusätz-
lich zwei Silbenalphabete verwendet, die sich
in Japan um ca. 500 n. Chr. aus einer kursiven
chinesischen Schriftform entwickelten, das
Hiragana sowie das Katakana mit jeweils 46 Silben.
Japanischen Schriftkünstlern und -künstlerinnen
steht somit eine Vielzahl verschiedener Schriften
zur kalligraphischen Ausübung zur Verfügung. Im
vergangenen Jahrhundert, etwa um 1930 - 1960, fingen
japanische Kalligraphen an, sich an der westlichen
„Art Informel" zu orientieren. Dies geschah natürlich
auch in umgekehrter Richtung, wie Arbeiten von Klee,
Sonderborg, Soulages, Motherwell, Hartung, Kline und
anderen Kunstschaffenden zeigen.

—

In gegenseitiger Beeinflussung entwickelte sich daraus im fernen Osten über die reine Kalligraphie eine freie, künstlerische Form der Schriften, SHO-Kunst genannt. SHO ist die Transformation des Schriftzeichens zu einem abstrakten Bild – aus der Bilderschrift wird ein Schriftbild.

Dieses Schreiben führt weg von allgemeinen Normen, den festgelegten Formen des kalligraphischen Zeichens, hin zum Unkonventionellen. Hierbei ist für die Kalligraphiekünstlerinnen und -künstlern wichtig, über die Ordnung von Symbolen hinauszugehen, um zu etwas zu gelangen, das aus der tiefsten Quelle seines Seins kommt. Beim Schreiben des SHO-Werkes kommt es auf Spontaneität des kreativen Aktes an und auf freie, lockere Pinselführung. Dazu ist es nötig, den inneren Dialog anzuhalten, um die „Istheit" wahrzunehmen. Ein nicht in Worte zu fassender Prozess setzt ein. „ES" geschieht. Jetzt kann Kunst spirituellen Wert erlangen.

SHO-Werke werden in Augenblicken der Inspiration mit kaum vorhersehbaren Pinselstrichen ausgeführt. Genauso wichtig ist das, was der Pinsel an Farbe auslässt; denn diese „Leere" ist integraler Bestandteil des Werkes. Die ausgeführte Arbeit kann entweder ganz frei, also nicht mehr „lesbar" sein, oder annähernd „lesbar" gestaltet sein. Das Werk bekommt abstrakte Züge. Seine Aussage ist entweder zu erfühlen oder zu erahnen.

Im Atelier